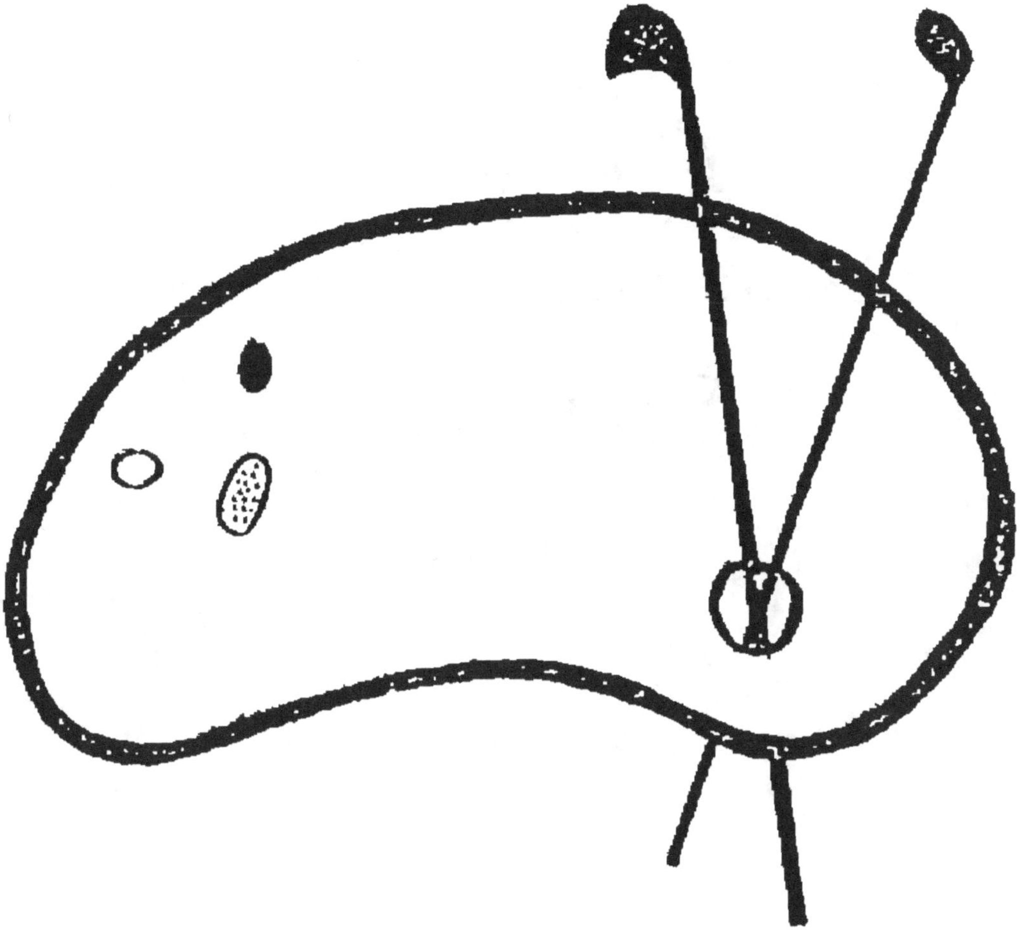

COUVERTURE SUPERIEURE ET INFERIEURE
EN COULEUR

24.

Exposition 29 Février
1.- Mars 1856
Estampes
Architecture et Ornemens
Dessins
Salle 5. bis

CATALOGUE

DE

DESSINS ANCIENS

ET

ESTAMPES

d'Architecture et d'Ornements

PROVENANT DU CABINET DE M. A..... AMATEUR

DONT LA VENTE AURA LIEU

HOTEL DES COMMISSAIRES-PRISEURS

RUE DROUOT, N. 5

Salle 5 bis, au 1er étage,

Le Samedi 1er Mars 1856, heure de midi.

Par le ministère de M· **DELBERGUE-CORMONT**,
Commissaire-Priseur, rue de Provence, 8,

Assisté de M. **VIGNÈRES**, marchand d'estampes,
Rue de la Monnaie, n. 13, à l'entresol, entrée rue Baillet, n. 1,
chez lesquels se distribue le présent catalogue.

EXPOSITION PUBLIQUE

Le Vendredi 29 Février 1856, de une heure à quatre heures.

PARIS

MAULDE ET RENOU

IMPRIMEURS DE LA COMPAGNIE DES COMMISSAIRES-PRISEURS
rue de Rivoli, 144.

1856.

CONDITIONS DE LA VENTE

On commencera à une heure très précise.

L'ordre du catalogue sera suivi.

Nous avons conservé pour les dessins les attributions de l'amateur.

La vente se fera au comptant ; cinq pour cent en plus des enchères applicables aux frais.

M. Vignères, faisant la vente, se chargera des commissions.

No. Bog. XX D. XV

S XVIII

H XV.

DÉSIGNATION

DES ESTAMPES

---

1 **Anonymes.** Titres divers, de livres xvi⁰ siècle. 21 p., plusieurs en bois.
2 — Panneaux, montants d'ornements avec salamandres, etc. 6 p. curieuses.
3 — Cartouches, rinceaux d'ornements époque Louis XIII. 11 p.
4 — Serrurerie, grilles, rampes, style Louis XIV. 18 p.
5 — Carrosse à quatre roues, très élégant, style Louis XV.
6 — Cartouches xviii⁰ siècle. 7 p.
7 **Aveline.** Vues de Paris. 4 p.
8 **Baumgartner.** Les Quatre âges dans des compositions rocailles et autres allégories. 8 p.
9 **Bella** (Steph. della). Montants d'ornements, 6 p.
10 — Petites frises, 7 p. rares.

11 — Grandes frises. 16 p.
12 — Petits cartouches. 10 p.
13 — Grands cartouches divers. 13 p.
14 — Les aigles. 6 p.
15 — Têtes à la persienne, 8 p.
16 — Sujets divers, portraits, études, vierges. 23 pièces.
17 — Le Pont-Neuf. Petite pièce rare.
18 — Marines, embarquements, paysages, etc. 18 p.
19 — Conduites de troupes. 20 p.
20 — Sujets pour un roman. 12 p. très rares.
21 — Scènes de théâtre, jardins d'Italie. 13 p.
22 **Berain** (J.). Lambris et portes des Thuilleries. 27 p.
23 — Arabesques, plafonds. 12 p.
24 — Tombeaux et pompes funèbres. 18 p.
25 **Berghem** (d'ap.). Le Pâtre assis sur la fontaine et autres. 4 p.
26 **Boisseau** et Brebiette. La Sainte-Chapelle. 2 p. belles et curieuses.
27 **Boivin** (René). Histoire de Jason et de la Toison-d'Or. 20 p. Cab. Rob. Dumesnil.
28 **Bouchardon** (Edme). Vases. 14 p.
29 **Bruin** (G.). Cosmographie, vues, plans de villes de France et de tous les pays du monde. 3 vol. in-fol. 1675. Couverts en parchemin.
38 **Callot**. La Pandore, les Martyrs et autres. 10 pièces.
31 **Carmontelle** (d'ap.). Dauberval et mademoiselle Allard, la famille Calas, etc. 4 p.

§ VIII.

§ IV

32 **Charmeton** (d'ap.), gravés par les Audran, Robert. Masques ornés de feuillages. 6 p.

33 **Cornille** (F.). Décorations intérieures, boiseries style Louis XV. 14 p.

34 **Cuvilliés** (Fr. de). Pièces choisies de son œuvre, fontaines, portes cochères, décorations intérieures, canapé, consoles, alcôve, lit, cheminée, guéridon, girandoles, cadres, panneaux, portes, dessus de portes, caprices, serrurerie, clefs, etc., grilles, balcons, rampes, autels, tombeaux, maisons de campagne, etc. 119 p. en 1 vol. dem.-rel.

35 **Cuvilliés** et autres. Décorations intérieures, alcôves, lits, trumeaux avec consoles. 22 p.

36 **Delorme** (Philibert). Sa maison. 2 p. en bois.

37 **Ducerceau** (J. Androuet). Les grands temples, premières études. 24 p.

38 — Petits temples. 25 p.

39 — Vues d'optiques, pièces rondes. 23 p.

40 — Arcs de triomphe. 11 p.

41 — Fragments divers, arabesques, etc. 24 p.

42 — Détails d'architecture, chapiteaux. 10 p.

43 — Vases. 14 p.

44 — Petits arabesques, 40 p.

45 — Petits arabesques, 58 p.

46 — Grands arabesques. 28 p.

47 — Leçons de perspective positive. 60 pl. et texte petit in-fol. Manque 44, 45. On a joint Exemples de perspective du S. G. D. L. planche et texte. Vol. dem.-rel.

48 **Ducercean** (Paul). Ornements, frises, rosaces. 7 p.
49 **Errard** (C.). Frises d'ornements avec enfants. 5 p.
50 **Fanelli** (Fr.). Fontaines et jets d'eau d'après les plus beaux lieux d'Italie. 21 p.
51 **Germain** (P.), orfèvre, 1751. Ornements d'orfèvrerie, girandoles. 12 p. rares ne faisant pas partie de son œuvre.
52 **Haid** (Gott.) et autres. Allégories et attributs style Louis XV. 23 p.
53 **Krammer** (Gabriel). Portes, encadrements, plafonds renaissance. 11 p. d'architecture curieuse et rare.
54 **Lasne** (Michel). Maison royale de Fontainebleau. Très beau plan, 1624.
55 **Laulne** (Etienne de) Stephanus. Ornements d'orfèvrerie. 53 p. Sera divisé.
56 **Le Bouteux** fils. Plans de jardins. 17 p.
57 **Le Charpentier**. Grand plan de Paris orné de vues de Versailles et autres maisons royales, chez Denos.
58 **L'Égaré** (Gilles). Bijouteries, agraffes, pendeloques, bagues, etc. 10 p. rares.
59 **Le Pautre**. *Le véritable portrait de N're-Dame dicte de la Paix, colloquée dans le mur des Reverands Peres Capusins, rue Saint-Honoré, etc., etc.* Pièce historique, curieuse et rare.
60 — Etudes de figures et titre de fortifications. 2 p. rares.

61 — Calices. 2 p. rares.
62 — Autel et tombeaux. 3 p.
63 — Jardins, jets d'eau. 7 p.
64 — Quarts de plafonds. 6 p.
65 — Nouveaux ornements de plafonds. 6 p.
66 — Thermes des quatre saisons. 6 p.
67 — Dessins de lambris. 6 p.
68 — Placards, portes. 9 p.
69 — Cheminées. 15 p.
70 — Grandes frises et montants 9 p.
71 — Les grands canons. Pièce rare.
72 **Leroux** (J.-B.), architecte. Lambris, boiseries, etc. 6 p.
73 **Marot** (Daniel). Lit et cheminées. Rares. 7 p.
74 **Marot** (Jean). Portes. 8 p.
75 — Alcôves, etc. 8 p.
76 — Grille, balustre, etc. 5 p.
77 **Metsis** (Cor.). Les danseurs boiteux. B. numéros 4, 7, 9, 10, 11, 12. 6 p.
78 **Nette**, Maisons dans le goût moderne, château de Louisbourg et autres, jardins de Le Blond et autres. 54 p. dans 1 vol., belle rel. en vél.
79 **Meissonnier** (J.-A.), architecte. Son portrait d'après nature, gravé par de Beauvais. Belle ép.
80 — Orfévrerie, vase, chandeliers. 4 p.
81 — Eglises Saint-Leu, Saint-Sulpice, Saint-Aignan d'Orléans, et maison Brethous. 8 p.
82 — Décorations intérieures, salon de la princesse. 2 p.

83 — Autres décorations, cadran, trumeau, angle de plafonds. 4 p.
84 **Oppenord** (G.-M.). Cartouches. 8 p.
85 — Lanterne, autel, fontaine, etc., grandes décorations. 6 p.
86 — Etudes d'architecture faites en Italie, épitaphes, tombeaux, autels, portes, fenêtres, etc. 50 p.
87 **Perelle** Vues de Paris et treillages de jardins. 18 p.
88 **Pierret**, Deneuforges, etc. Cheminées. 8 p.
89 **Portraits** d'architectes anglais. 6 p.
90 — d'architectes italiens. 9 p.
91 — d'architectes, peintres et sculpteurs français. 17 p.
92 **Queverdo**. Arabesques, les saisons. 3 p.
93 **Roumier** (Fr.), sculpteur. Ornements coins de bordures. 8 p. rares.
94 **Schubler**, etc. Catafalques, tombeaux, supports etc. 18 p.
95 **Sigrist** et autres. Compositions de l'Histoire Sainte, style Louis XV. 24 p.
96 **Silvestre** (Israël). Vues de Paris, Sainte-Chapelle, Hôtel de Soissons, Tour de Nesle et autres belles ép. 12 p.
97 — Environs de Paris, France et Italie. 13 p.
98 **Solis** (Virgile). Cartes à jouer et autres. 9 p. curieuses.
99 — Sujets de l'Histoire Sainte, bois. 54 p.

D.xx

HIV

PX

D.)
    } 6.
D.|

D.

100 **Vries.** Arabesques, panneaux, 8 p.
101 — Tombeaux, cénotaphes, 8 p.
102 — Architecture, monuments, 14 p.
103 **Wachsmuth.** Épitaphes, style Louis XV, 8 p.
104 **Watteau**, Gillot, Cartouches et autres, 4 p.
105 Ornements de divers styles et autres, 55 p. Deux lots.
106 Iconologie, des emblêmes, devises, etc., enrichie de figures, tirées de César Ripa, 2 vol. in-8, relié en vélin.
107 Deux volumes de papier blanc avec titre *Dessin* au dos.

DESSINS.

108 ANONYMES. Recherches archéologiques depuis Charlemagne, tirées des tombeaux manuscrits, Bible de Charles-le-Chauve, arrivant jusqu'à la chambre du premier consul, d'après nature, 45 p. à la mine de plomb et lavées.
109 — Costumes des mêmes époques, chevaliers, tournois, tapisseries de Bayeux à la plume, lavées, 22 p.
110 — Portraits des rois et reines de France jusqu'à Louis XV, à la mine de plomb, 55 p.
111 — Costumes de théâtre italien, par un maître italien, dans le goût de Berain, 19 p. à la plume, avec explication.

112 — Trompe-l'œil et allégorie diabolique, 2 p.
113 Portrait de Come de Médicis, beau dessin terminé au crayon de couleur, par un élève de l'école de Rome, encadré.
114. BALESTRA. Ravissement de saint Paul et baptême de Jésus par Barbalonga, 2 dessins à la plume, lavés de bistre.
115 BARBIER (Le). Femme mourante, à la plume, lavé à l'encre.
116 BIBIENA. Fragments d'architecture, cartouches, plafonds, etc., 16 p.
117 BOITARD (F.). Le Parnasse, à la plume, lavé.
118 BOUCHARDON (E). Fontaine composée de nayades et syrènes, à la plume, et lavé au bistre.
119 BOUCHER. Etude de main et nœud de rubans, au crayon noir et sanguine.
120 — Buste de jeune fille à la sanguine.
121 — Jeune femme tenant des roses, à la sanguine.
122 — Jeune marchande de fruits, lavé à l'encre.
123 — Amour avec ornement, à la sanguine.
124 — Femme nue couchée tenant une guirlande de fleurs.
125 — Femme nue couchée tenant un vase. Ces deux beaux dessins au crayon noir, rehaussé de blanc sur papier bleu.
126 — Femme nue couchée tenant une rose, très beau dessin au crayon noir, rehaussé de blanc sur papier gris. Glomysé.
127 — Etude de jeune fille nue assise, à la mine de plomb et sanguine.

Valfix

Sol. 950

N°				
N° 1	Serrurerie 10 p.	M. Destouches	10	..
5	Carrosse Ep. Moderne	M. vendue	12	..
14	Labelle les Aigles 6 p.		2	..
15	d. tête 8 p.		2	..
20	d. roman 11 p.		2	..
24	Bersin, Tombeau	Dost	21	..
34	Cuvillier	Berard	180	..
39	Vincereau ronds		5	..
42	d. détail		17	..
56	Laboutey	Destouches	4	50
58	l'égaré 10 p.		20	..
	d. 7 p.		7	..
69	Lepautre cheminées		6	..
70	d. g^de frises		16	..
72	Leroy 6 p.	Destouches	8	..
77	C. Metzi danseur 6 p.		1	50
82	Meissonnier 6 p.	Rousset	10	..
83	d. 4 p.		9	..
89	Portraits anglais 6 p.	Destouches	5	..
90	d. italiens 9 p.		3	..
97	Silvestre français 13 p.		7	50
103	Vaschmuth		7	..
108 bis	ornemens 15 p.		3	25
			358	75

			358	75
108	Dessin	Destailleur	13	50
109	do	Destailleur	12	
119	Boucher	Valferdin	7	50
124	do femme		7	
125	do fem		7	
126	do femme en rose		14	
141	Chazal 2 portraits		1	..
169	Lafosse	Destailleurs	8	
182	Mattei	Porreau	1	
185	Melan 3 p.	Destailleurs	30	
221	Silvestre	Destailleurs	8	
223	Steen	Porreau	2	25
224	Stella	Porreau	1	50
239	Verner (H)	Villot	3	..
			474	50
			23	75
			498	25

128 — Goût de Boucher. Andromède délivrée. Diane et ses Nymphes endormies. Deux dessins lavés rehaussés de blanc.
129 BOURDON (Seb.). Le Jugement de Salomon, à la sanguine.
130 BRAUWER. Personnages grotesques et difformes, à la plume et lavé.
131 BREBIETTE. Amours et enfants sur des chevaux marins, à la sanguine.
132 BRENNER. Sujet allégorique avec la mort, lavé à l'encre.
133 BREUGHEL. Figures grotesques et diaboliques, à la mine de plomb.
134 BREUGEL de velours. Eventail représentant un marché en Hollande. Gouache.
135 BRIL (P.). Paysage avec pâtres et chèvres, rehaussé de blanc.
136 CALLOT (d'ap.). Etudes de figures lavées en bleu et à la sanguine. 4 p.
137 CANDITO. Réception d'un personnage et Vierge adorée par deux saints, par Barod, deux dessins lavés au bistre.
138 CASTIGLIONE (B.). Tête de jeune homme au crayon noir, rehaussé de blanc sur papier bleu.
139 CHARDIN. Etudes d'enfants au crayon noir, rehaussé de blanc sur papier bleu.
140 CHAUVEAU. L'arche d'alliance faisant tomber les murs d'une ville assiégée, lavé au bistre.
141 CHAZAL, 1836. Portraits de Constantin, Justinien et Théodore, à la sepia, 3 pièces.

142 CHERON (El.). Sujet mythologique à la plume et au bistre.

143 CIRO-FERRI. Vierge et Jésus entourés d'anges, en rouge rehaussé de blanc.

144 CLERISSEAU. Attributs pastoraux, de musique, militaires et autres, 5 p. à la plume, lavés.

145 CORTONNE (P. de). Jugement de Salomon, riche composition lavée.

146 DORFFMEISTER. Jupiter et Minerve, et autre par Lairesse, deux dessins lavés.

147 DROLING. Première pensée de l'intérieur de cuisine, avec études de figures au verso. Beau dessin capital ayant été payé 170 fr. à la vente de l'artiste.

148 DUBAN (F.). Rome, 1820. Scène de l'antique Rome, au bistre rehaussé de blanc.

149 DUCHÉ, 1777. Jeune page et jeune Turc, à la plume, 2 p.

150 DURER (Albert). Saint Sébastien, à la plume.

151 EISEN. Annonciation, à la plume, lavé à l'encre.

152 FLAMEN. Chèvres, ânes et moutons dans des pâturages, 3 p. très belles, lavées.

153 FRAGONARD. Le puits, avec huit figures. Beau dessin capital, lavé.

154 GADEBOIS. Jolis petits paysages ovales en hauteur, baigneuses, jeunes paysans dansants. Aquarelles.

155 GARNAUD, 1820. Vue en Italie, jolie sepia.

156 GILLOT. Scènes de pierrot, 3 p. lavées à l'encre.

DXXV

Jd. IV

P

DXX

157 GOLTZIUS. Adoration des Mages, à la plume et lavé.
158 GRAPELLI (Paulino). Concert de squelettes et scènes diverses par des squelettes, deux p. très curieuses sur la mort, à la plume et lavées.
159 GRAVELOT. Sujets de vignettes pour illustration de livres, 2 p.
160 GUERCHIN. Belle étude d'enfant, à la plume.
161 — Suzanne et les vieillards, à la plume.
162 — Junon trépignant Calypso et la changeant en ourse, à la plume.
163 GUIDO RENI. L'Espérance, au crayon noir, et Vierge et Jésus, par C. Maratte, à la sanguine, 2 p.
164 HOLBEIN. Buste d'homme, au crayon noir, lavé à l'encre.
165 HUET. Paysan à la sanguine, paysage avec fabriques, pont, etc., au crayon noir, rehaussé de blanc, 2 p.
166 INGOUF. Portrait de Charles Minart, acteur, dans un rôle de pauvre musicien, au crayon noir; il a été gravé par Ingouf en 1704.
167 JORDAENS. Trois enfants satyres à la sanguine.
168 LAFITTE. Triomphe de Cérès, Pluton enlevant Proserpine. Deux p. en frises.
169 LAFOSSE. Fronton. La Renommée et groupe sur un piédestal, 2 p. à la plume et lavés.
170 LAIRESSE. Allégorie pour titre d'ouvrage, lavée à l'encre.

171 LALLEMAND. Une rue de village, lavé et rehaussé de couleur.

172 LARUE. Massacre des Innocents et Enlèvement des Sabines, 2 p.

173 — Intérieur de famille noble et de paysan, époque de 89, 2 p.
Ces quatre pièces sont de riches compositions lavées au bistre et rehaussées de couleur.

174 LE BAS, 1765. Scènes d'agriculture représentées par des enfants et des chèvres. Jolies pièces lavées à l'encre.

175 LEBAS, 1851. Paysage ovale. Aquarelle.

176 LECLERC (Seb.). Dame et Montreur de marmotte, vus de dos, avec paysages et fabriques à la plume, 2 p.

177 LECOINTE. Moulin à vent; petite aquarelle.

178 LE PAUTRE. Statue d'Énée sauvant son père Anchise, à la sanguine.

179 LÉPICIÉ. Intérieur : Jeune homme faisant des farces fait rire tout le monde, lavé à l'encre.

180 LE PRINCE. Costume de femme; berger et son mouton, attribué à Gillot, 2 p. à la sanguine.

181 LESUEUR. Saint Joseph en prière, couronné par deux anges, lavé et rehaussé de blanc.

182 MATAI. L'agriculture, groupe de trois enfants, au crayon noir.

183 MAYER (Mlle). Petit enfant nu assis à terre, au crayon noir, rehaussé de blanc, sur papier bleu.

184 — Jeune enfant feuilletant des images, à l'estompe, rehaussé de blanc.

Dxxxxv

185 MELAN. Vues du Vauxhall d'été, coupe, vue extérieure et vue du côté des jardins, contenant un nombre infini de charmantes petites figures, costumes époque Louis XVI, 3 p. très curieuses. Aquarelles.

186 MESNIER. Etude d'homme portant une gerbe, à l'encre, lavé.

187 MILLIN (Ant.), 1819. Marine : chaloupe à pleine voile. Mine de plomb.

188 MONGIN. Etudes de femmes drapées, à la plume, 2 p.

189 MONNET. Omphale remettant à Hercule la chemise du Centaure ; Vénus et une autre déesse sur les nues, 2 p. lavées.

190 MOREAU (G.). Ferme et sa basse-cour, mine de plomb rehaussée de couleur sur papier porcelaine.

191 MURILLO. Amour et autres par Mongin, Jallacus, 3 dessins à la plume.

192 NAUDET. Rivière à l'intérieur d'une ville, à la plume, lavé.

193 NICOLLE. Portique avec sentinelle mauresque. Aquarelle.

194 NORBLIN. Tête de vieillard à grande barbe, bonnet et manteau fourré, au crayon, lavé à l'encre.

195 OUDRY. Volailles effrayées des hurlements d'un renard pris au piége, au crayon noir.

196 OZANNE. Etudes de bâtiments antiques, lavés à l'encre, et tombeau par Naudet, dans un paysage lavé, 2 p.

197 PARROCEL. Etude de jeune fille dormant, à la pierre d'Italie.

198 PATER. Le jeu de Colin-Maillard, à la sanguine.

199 PERELLE. Vue d'une écluse, à la plume.

200 PILLEMENT. Deux très petits paysages ronds, très jolis, autre et mouton au crayon noir, 4 p.; pourra être divisé.

201 PINSIO (Jules). Groupe de saints en adoration de la Sainte-Trinité, belle composition de tableau d'autel, ceintré lavé au bistre, rehaussé de blanc.

202 PRIMATICE. Portion d'un joli dessin, allégorie avec des Amours, à la plume, lavé de bistre, rehaussé de blanc.

203 PRUDHON. Etudes académiques de femmes, vues par derrière et par devant, 2 p.

204 — Etudes académiques d'hommes et de femmes, 2 p.

205 — Prudhon dans son atelier, avec enfants et autres personnes; figures académiques couchées, 2 p. Ces 6 p. sont au crayon noir, rehaussées de blanc, sur papier bleu.

206 RAPHAEL (d'ap.). Saint Evangéliste, lavé, rehaussé de blanc.

207 RESTOUT. Les saintes femmes au tombeau du Christ, beau dessin lavé; tête d'homme à la sanguine, 2 p.

208 — Saint Jérôme, à la plume.

209 ROOS. Etudes d'animaux à la pierre d'Italie, 3 dessins, dont 2 réunis.

DX

P III
P IV

210 ROTA (Martin). Jugement dernier, au trait à la plume.
211 RUBENS. Dieu fleuve qui parle à deux nymphes, à la sanguine.
212 — Etude de tête de cheval, au crayon noir et rouge.
213 — Etude de tête de jeune homme, au crayon noir.
214 — Deux amazones à cheval, beau dessin à la plume et lavé.
215 — Daniel dans la fosse aux lions, dessin capital à la sanguine.
216 RUGENDAS. Cavaliers, à la plume, lavé.
217 RUYSDAEL. Paysage, à la plume.
218 SADELER. Sujet à la plume, et la Vierge dans une gloire d'anges, par Schwart, lavé, 2 p.
219 SAINT-AUBIN, 1773. Tambour en voyage et battant la caisse, 2 p. curieuses, lavées au bistre.
220 SCHUTZ (Fr.). Ane attaché à un poteau, au crayon, lavé de couleur.
221 SILVESTRE (Is.). Vue de Paris, la Tour du Louvre; autre vue en Italie, 2 p. à la plume et au bistre.
222 STALLENBERG (F.-W.). Intérieur de cabaret flamand, où l'on danse au son du violon, lavé au bistre.
223 STEEN (J.). Fumeur et buveur qui chante, lavé à l'encre.
224 STELLA. Frises d'amours à la plume, rehaussé de blanc.

225 STRADAN. Sujet romain, à la plume, rehaussé de blanc.
226 SUBLEYRAS. La mort de Didon, riche composition lavée.
227 SWEBACH. Scènes de camp et grenadier appuyé contre un canon, pièce ronde, lavés au bistre, 4 p.; pourra être divisé.
228 TEMPESTE. Bataille, à la plume.
229 TENIERS. Groupe de six personnes, buvant et fumant, à l'encre de Chine.
230 VALIN. Tête de femme aux trois crayons.
231 VALLEVERS (Jean). Intérieur, époque Louis XIV, lavé, rehaussé de blanc.
232 VANDEN VELDE. Bœuf debout de profil, dirigé à gauche, à la sanguine.
233 — Animaux aux trois crayons.
234 VANDERMEULEN. Combat de cavaliers, aux trois crayons de couleur.
235 VANDERNEER. Vue de Hollande, au crayon noir, sur papier bleu.
236 VANLOO. Buste de paysanne en coiffe, à la sanguine, rehaussé de blanc.
237 — Tête de jeune femme de profil, à la sanguine.
238 — Etude d'enfant, à la pierre d'Italie.
239 VERNET (Horace). Costume de mode de dame avec bonnet en toque. Aquarelle.
240 VERRYK. Vues d'après nature en Hollande, très bien lavées à l'encre de Chine, 4 p.
241 VIEL. Les douze signes du Zodiaque, à l'encre.

vil XII

242 VINCI (Léonard de). Squelette articulé monté sur un pied, à la sanguine.

243 VOENIUS (Otto). Allégorie des vertus théologales, petite grisaille à l'huile.

244 VOS (Martin de). Prise de Jésus-Christ, lavé.

245 WATTEAU. Etude d'homme jouant de la mandoline, à la sanguine.

246 — Repas avec des dames, au crayon noir, rehaussé de blanc.

247 WEIROTTER. Paysage avec étang au bistre.

248 WILLE (J.-G.), 1760. Scène d'enfants qui volent du raisin dans une cour, lavé, joli dessin, signé deux fois.

249 — Jeune pâtre, lavé.

250 WILLE (P.-A.) fils, 1784. Querelle de jeu de spadassins; querelle de buveurs, 2 superbes dessins capitaux à la plume de roseau ; chaque composition est de cinq figures, très vigoureux d'effets et magnifiques d'expression.

251 WOLFF (A.). Jésus dans la crèche adoré par les anges, lavé à l'encre et rehaussé de couleur.

252 ZUCCARO. Transfiguration, lavé.

Moulde et Renou, imprimeurs de la Compagnie des Commissaires-Priseurs, rue de Rivoli, 144.

Mr DELBERGUE CORMONT,
COMMISSAIRE PRISEUR.
Rue de Provence N° 8.

BORDEREAU D'ADJUDICATION.

Vente

M. Vigneron

Rue

Articles du procès verbal	Numéros du Catalogue		1856	F.	c	f.	c
5	6	18				10	
	7	1				12	
10	12	6				2	
11	11	8				2	
20	20	1				2	
26	26	18				20	
31	31	1				180	
39	39					5	
40	40	10				17	
58	56	2				4	50
66	68	1				20	
60	58	2				7	6
61	69	15				16	
75	70	9				8	
76	72	6				1	50
81	82	1				10	4
20	83	4				9	
91	84	6				8	
93	85	5				3	
108	103	8				12	
107	105	4				12	50
114	108	4				13	
113	109	22				12	
100	97	8				7	50
122	119	1				7	
125	124	1				7	
						398	75

Quelles Epreuves verbal	Numero du Catalogue			f	c	f	c
			Report d'autre part			398	7
124	125	1					
130	136	1					
	141	3					
158	162	2					
181	182	1					
184	185	3					
						498	3

www.ingramcontent.com/pod-product-compliance
Lightning Source LLC
Chambersburg PA
CBHW030058230526
45471CB00003B/1140